張순이

구석으로부터

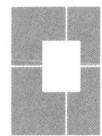

애지시선 121

구석으로부터

2024년 5월 17일 초판 1쇄 발행

지은이 함순례
펴낸이 윤영진
홍보 한천규
펴낸곳 도서출판 애지
등록 제 2005-000005호
주소 34570 대전광역시 동구 대전천북로 12
전화 042 637 9942
팩스 042 635 9941
전자우편 ejiweb@daum.net
ⓒ함순례 2024
ISBN 979-11-91719-25-3 03810

* 저자와의 협의에 의해 인지를 생략합니다.
* 이 책 내용의 전부 또는 일부를 재사용하려면 저자와 애지 양측의
  동의를 받아야 합니다.
* 이 책은 세종특별자치시와 세종시문화관광재단의 후원으로 발간되었습니다.

예지시선 121

구석으로부터

함순례 시집

시인의 말

당신과 나 사이
나는 여러 번 넘어졌다

드문드문한 불빛,
구석의 신민들에게 기울어지곤 했다

다정한 수다가 필요하다

>
> 2024년 봄 하마실에서
> 함순례

차례

시인의 말　005

제1부

기와불사　013
구석으로부터　014
누굴까 집사는　016
폭우　018
연두　020
뿌리로부터　022
카페, 리틀 윙　024
라라미용실　025
사랑해　026
모두가 잠든 아침 살금살금　027
수박 돛대　028
함과 힘 사이　030

제2부

이응다리 033
징검다리 례 034
문득, 아귀 036
곡비 038
회인懷仁 040
아미산 041
구불구불 산비탈에서 042
지우개밥 044
봄날 오후 그녀에게 전화가 왔다 046
한 사람의 손을 잡고 048
우물에 빠진 별들 050
가을 우화 052
닭 울음 053

제3부

단추들 057
발굴 058
검정 고무신 059
숟가락과 밥그릇 060
이름을 부른다 062
알고 싶어요 065
완벽한 잠 068
유일한 생존자 070
담배 이야기 072
비명을 찾아서 074
들불 075
치자꽃이 피면 076

제4부

염소 079
수탉 080
곰나루 소나무들 081
창밖은 봄 082
그녀의 배후는 그녀다 084
수레를 밀고 가는 사람 086
진면목 088
만세탕 090
때가 되었다는 말 092
꽃의 시간을 애도함 094
깊은 마음 095
당신과 나 096

해설 애도와 생성을 향한 이름의 윤리학 김정숙 097

〈일러두기〉

*본문에서)는 '단락 공백 표시'로 한 연이 새로 시작된다는 표시이다.

제1부

기와불사

나의 기도가 저 높은
지붕 위나 담장에 올려져
고요히 피어오를 줄 알았더니
산사 뒤란 샘가에서
물받이로 쓰이고 있네
세상에나, 조랑조랑
맑은 물소리에 씻기며
계곡으로 마을로 낮게
낮게 흘러가고 있네

구석으로부터

나무가 잎을 떨군다
다시 피어나기 위해 제 몸을 비우는 건
소멸이 아니다

그러므로 낙엽은 구석으로 모여든다
잘 말라 아궁이 불땀을 살리거나
제대로 썩어 거름이 되기도 할 것들
서로 기대어 점차 차가워지는 계절을 예비한다

중심에 우뚝 서 있거나 목청이 큰 이보다
어느 곳이든 고요히 머물러 미래를 타전하는 이에게
눈길이 오래 머무는 것은
나도 태생이 구석이라는 거다

옥상 시멘트 틈에서 핀 민들레꽃 한 송이가
절망어린 소년을 돌려 세우듯이
누군가의 발걸음 소리에 밝아지는 좁은 골목이 있듯이

〉
엄마 몸에서 잉태된 씨앗
우리는 한 줄기 생명줄에 매달려
뼈를 굳히고 뜨거운 심장을 키워온
구석의 신민이었다

주눅 들지 말자
맨몸으로 애처로운 나무여
우리여

누굴까 집사는

저녁이면 마당으로 들어서는 길고양이
하루 일 마치고 퇴근한 가장처럼
대추나무 밑에 앉아 느긋한 얼굴로 식구들 쳐다본다
호랑무늬 연한 갈빛이 곱기도 한
표정도 유순하고 귀여운 녀석

누군가는 먹이를 주면 절대로 안 된다 하고
누군가는 먹이를 주면 친구도 될 수 있으리라 말한다

고기 냄새 풍기며 저녁을 차리는 날이면
고양이가 야외 테이블 가까이 다가와
우리를 바라본다
기대하는 눈빛과 망설이는 눈빛
몇 번씩이나 눈을 감았다가 뜬다

빈집일 때가 많은 하마실 하얀 집
내가 항상 이 집을 지키고 있는 걸 너흰 모르니

〉
더욱 간절해지는 눈
어쩌면 오래도록 이 집은 저애 집이었는지 모른다
지친 몸 누이며 적막한 집안에
온기를 들이는 고양이가 있다

큰 소리로 쫓아도 쉬이 물러서지 않는다
녀석의 이름을 대추라고 불러주어야겠다
당글당글 여문

폭우

식탐 부리다 혀를 깨물었나
불룩한 배가 슬펐나, 토사곽란이 났다
응급실에 갔다

아프지 말거라

수액을 맞는 동안 외삼촌이 병실 천정에서 굽어본다
스무 살 내게 곁방을 내어주고
철로변 흔들리는 세간에도 맑은 기운 잃지 않았던
그 손 잡아보려 하는데
가뭇없이 멀어진다

자리보전하고 누우셨어, 뼈만 남은 모습이더라

눈시울 붉어지고
내장은 뒤틀려 물 한 모금 삼키지 못하고
깨물린 혀는 쓰라리고

〉
웅크린 담요를 가로질러 기차가 지나간다
가로등 불빛이 덜컹거린다

경적을 울리면서
캄캄하게 재생되는 구름

이 비 그치면 새로이
크고 마른 별로 태어나실까
밤이면 창문을 두드리실까

내가 속상한 여름에 잠겨 식은땀을 흘리는 동안
문밖에서는 다정한 외삼촌이
줄기차게 쏟아졌다

연두

막 피어나는 것을 보면 가슴이 뛴다
차가운 시간 지나 움츠린 어깨를 펴는 숨결들
귀 기울여 듣는 한낮은 꽃보다 아름답다

어둔 터널 지나 출구에서 만나는 빛
이제 좀 가벼워지라는 신호 같아서
기꺼이 옷소매 걷어 올리고
그 푸른 수혈 받으며 무장 쏘다녔다

하지만 그날 이후 나의 봄날은
가볍지 않았다
활 맞은 가슴으로 십자가에 못 박혀
밤하늘 바라보는 날이 잦았다

그해 스무 살이던 내 아이 스물여덟이 됐는데
고등학교 2학년에 머물러
별이 된 아이들

〉
무너진 봄을 뚫고
매년 잊지 않고 찾아와 피어나는 연두
눈물겹고 눈부셔서
내 핏방울 수혈하듯 사나흘 꼼짝없이 누워

아득하고 서러웠다
그것밖에 할 것이 없었다

뿌리로부터

땅속은 네 눈이 닿지 않는 은신처

팔다리 잘린 대추나무 밑동이라서 나는 더 이상
허공을 경작하지 않아도 되어서
전지가위나 들고 서성거리는 네 발자국
낱낱이 기록하는 중이라서

나무였다가 사자가 되고
식물이었다가 동물이었다가
이념은 맹독이 아니라
다양성의 규칙

네가 헐거워지는 때를 노려
화단 지나 마당 건너 대문 너머
잎잎 가시 초록 뿔
끝내 죽지 않고 살아서
〉

바람 부는 날이면 광장으로 갈 거야
네가 두 손 들 때까지
제 발로 밥그릇 걷어찰 때까지

카페, 리틀 윙

대전천변에 내려앉았으나
한 번도 날아오르지 못했다

낮은 수면 차오르는 백로 왜가리 보면서도
새가 되지 못했다

이팝나무 가지에 걸어둔 희망을 복기하며
버티는 것만이 살길일까

도무지 열리지 않는 문
나 아무래도 이 흐린 골목에 널 풀어줘야겠다

식은 커피와 음악을 입에 물고 잠든 새야
어서 나와 날개를 펼치렴

라라미용실

    남자를 만나고 아이를 낳고 손재주 살려 생, 활을 꿈꾸는 라라가 있지 할 수 있을 거야, 하면 되지, 몸에 좋은 말들을 골라 우리 동네 모퉁이에 인생 2막의 무대를 연 주인공, 역병이 창궐하니 시간차 두고 손님을 맞는 날에도 아내이고 엄마라서 수시로 전화벨이 울리고 아이 온라인 수업과 빨래와 설거지 우물우물 밀려오는데, 옥수수수염처럼 금세 자라는 머리카락들이 풀어놓는 수많은 얘기 조용하고 다정히 쓰다듬을 줄 아는 여자가 아무튼 오늘은 내 마음의 수리공으로 돌아와 손톱 밑 가시 같은 불안을 싹둑싹둑 자르고 다듬고 있는 여자가 자르고 잘라도 몸속에서 자라는 어떤 슬픔과 투정 쓸어 모아 저녁놀로 물들이는 여자가 그 마음 하나로 라랄라 허밍을 밀어내는 새싹보리 같은 여자가 살고 있지

사랑해

 이 둥근 말을 이 다정한 말을 왜 누르고 살아야 하지? 말없이도 알아듣고 말없어도 통하면 얼마나 좋아 모르겠는 걸 도통 모르겠는 걸 어떡하냔 말이지 쑥스럽다거나 헤퍼보인다는 것도 다 꼰대들의 철벽이지 사랑해사랑해사랑해, 호접란에 물 줄 때마다 속삭였더니 윤기가 도는 이파리 좀 봐 피어나는 꽃잎을 봐 그냥 미소가 번지잖아 웃음이 툭툭 터지잖아 온몸에 향기가 돌잖아 사랑해, 말하는 순간 아무것도 아닌 말이 아무것이 되어 마술을 부리지 역병의 그늘도 환해지는 이 말랑말랑한 말을 이 뜨거운 말을 왜 아끼고 살지? 우연히도 인간이라 불리며 이곳에 있는 너는, 나는

모두가 잠든 아침 살금살금

 밤새 내린 눈이 대지와 포옹을 나누고 있네 이대로 깊어지는 마음이 있다면 온 마을이 환하겠네 그 눈부신 포옹을 굳이 풀 일인가 마루에 앉아 한동안 바라보다가 등굣길 아이들 생각에 몸을 일으키네 빗자루 들고 대문을 나서자 잠꼬대에 빠져 있는 골목이 뒤척이네 고요한 밤 거룩한 밤을 지낸 숫눈들의 잠을 흔들어 길가로 모아주네 비질 세수를 마치면 차례로 드러나는 글자들 '학교앞 천천히 어린이 보호구역 30' 졸린 눈 비비며 눈을 뜨는데 좀 있으면 완전히 흰 잠에서 깨어난 어린 책가방들이 입김 내쉬며 이 모퉁이를 돌겠지 노란 웃음 태운 통학버스도 가뿐히 지나가겠지 모두가 잠든 이른 아침 살금살금 등교하는 비질 소리

수박 돛대

어제는 축축하게 젖어 있다가
오늘은 바싹 마른 빨래를 개고
수박을 잘랐는데 물맛이다
붉은 여름이 싱겁게 흘러내린다

좀 싱거워도 수박은 사랑이지
장마와 폭염이 뒹구는 땅을 안고
이만큼 둥근 사랑을 키워낸
화채 한사발씩 나누다 보면
독 오른 열기가 식기도 하는데

붉은 속 다 내준 수박이
적막한 배 한척이다

낮고 작은 사람이 되어
당신을 기다리는 오후
당신의 눈물을 퍼내 만든

반달만 한 배 띄운다
이걸 타고 와다오

당신의 얼굴이 수박씨처럼
까맣게 떠오를 때까지
서럽지 않은 아침이 올 때까지
나는 여기 있겠다고 돛대에 쓴다

함과 힘 사이

 '힘순례 손모음' 휴대폰 문자 말미 맺는 인사에 번번이 오타가 난다 앗차 왜 불쑥불쑥 힘이 튀어나오는 걸까 힘을 모으고 싶은 걸까 힘에 점 하나 찍으면 다한다는 의미의 함이 되니 힘내서 하자는 걸까 내 이름을 잘못 쓰면서 오타를 고치면서 힘과 함 사이에서 모처럼 웃는다 여름의 얼룩이 지워지지 않아 고전하던 날이었다

제2부

이응다리

사람이 걷는 길에
내 안의 짐승은 풀어두지 말자

앞서거니 뒤서거니 모든 걸음
둥글게 돌아

일어서는 몸도 저무는 마음도
가볍게 만나지는 여기

뭉치고 흩어지는 구름 아래
공중정원에서는

징검다리 례

이름대로 산다고 했던가
순하고 예의 바르게, 순례
촌스럽기 그지없지만 '함'자 성이 받쳐주니
단아한 조선미인 같다는 이름

사실 나는 제대로 가고 있는가
길을 찾아 떠도는 순례자의 마음 컸는데

몽산 선생이 새로 징검다리 '砅'자를 새겨주었네
사람과 사람, 세상의 징검다리가 되라는 말씀
가마득한 마음 구석에 내려놓는
지긋한 위로와 환대의 눈빛

돌과 물이 만나면
이쪽과 저쪽의 벽을 허물 수 있다 하니
도장을 찍을 때마다 골똘해져서
〉

누군가의 여울에 징검돌이 되려고
더 어두워질까 두렵네

문득, 아귀

아귀가 왔다
커다란 입에 억센 이빨을 세우고 귀신처럼 왔다

언제까지 얼어붙어 있을 거니
부엌이 깨어나 다그쳤다

아귀 뱃속 들여다보니
꼴뚜기 가자미 병어 새끼가 온전히 들어 있다

무엇이 되고 싶어 심연을 헤엄쳤던 걸까
악착을 부려야 하는
탐의 세계를 보여주고 싶었을까

숱한 질문 받아내느라 진땀을 흘리는 물고기
안간힘으로 그려온 생의 지문
저녁으로 녹아들고
〉

비늘도 없이 미끌미끌 버텨온 시간을 해부하는
밝은 불빛 아래서

아귀와 내가 슬그머니
자리를 바꾸고 있다

곡비

새벽부터 지붕 두드리는 빗소리에 귀가 열려
가슴을 쓸어내렸다

큰 불길 잡히면 또 하나 잡히겠지
앞이 보인다 싶으면
실핏줄 돌게 마련이지 하다가

왜 이 비는 타버린 폐허 위에 내리는가
왜 산불은 해마다 돌아오는가

처마 끝에 앉아서
꽃망울 터지고 연둣빛 틔워 올리는
앞산을 바라보는 눈길이 젖는다

뒤늦은 비가 내리고
타버린 것들 위에 비는 내리는데
〉

집안으로 들인 걸음마다 생기가 돌고
들판으로 나갈 모종판 챙기는 손길이 젖는데

산기슭 아래
속 시커멓게 내려앉아
젖지 못하는 사람들

회인懷仁

잠을 깨우는 닭 울음소리
골목을 쓰는 비질 소리도
식전 논밭으로 나가는 발자국 소리도
너 돌아왔구나, 말을 건넨다
열여섯에 떠나 오십 넘어 돌아왔으니
세월의 강에 흘러갈 것 흘러가고
개울가 조약돌 같은 사랑만 남았다
첩첩 푸른 산과
꽃과 나무와 풀과 흙과 노는 시간
자꾸만 좋아지고
눈 감고 멀어진 아미산과
당신을 찾는 일이 더 이상
아프지 않다는 사실
온몸에 힘을 뺀 고요가
햇살을 밀고 가는 마당에서
나, 다시 조금씩 살아나고 있다

아미산

 백로 한 마리 개천을 차고 솟아올라 날개를 펼치자 산이 화들짝 놀라 느티나무 우듬지 내어준다 초록 바탕 흰 점 하나, 자맥질하며 먹 감던 깨복쟁이 동무들 무명무명 몰려나오고

구불구불 산비탈에서

 첫물 부추는 사위도 안 줘 마다치 말고 듬뿍 가져가 어떻게 다 먹냐고? 참나 쑥버무리 알지? 부추버무리 해먹으면 먹잘 것도 읎어 부추김치도 있고, 겉절이도 있고, 지짐도 있고, 정 남으면 냉동실에 뒀다가 된장찌개에 넣어봐 입맛이 살아나 들어는 봤나 부추산삼이라고!

 첫애 낳고 심었으니 반백년 넘은 부추들이여 뿌리 튼실한 것 좀 봐 지금이사 두루 나눠먹고 말지만 이거 팔아 애들 학비 대고 학용품 사고 옷도 해 입혔는걸 부추 한단 베고 묶는 게 일이간디 번쩍번쩍 했지 내 별명이 부추여왕이었다니까, 참말이여

 으응, 저 비닐 씌운 고랑들은 감자여 저 웃짝엔 애들이 심어놓은 밤나무들이고 이젠 위험하게 일하지 말란 거지 근데 모르는 소리여 돈 읎어 이 비탈밭 하나 얻었지만 새봄이면 파릇파릇 올라오고 부추며 하루나가 을매나 이뻐지들 밥상도 풍성해지고

〉

　오늘은 배추 모종이 생겼으니 몇 고랑 심어 볼라네 이젠 숨 가쁘게 내달릴 일도 없으니 엉금엉금 밭고랑을 타다가 철퍼덕 앉아 쉬다가, 구불구불 저무는 거지

지우개밥

시집 교정지 펼쳐놓고 머리부터 묶곤 해요
돋보기 연필 지우개도 가지런히 챙겨 놓고

편집자의 일은 요리 플레이팅과도 같아서
요리 플래너가 손맛을 살려야 하듯
시인의 눈길 따라 함께 걷는 동안

오탈자 가려내고 가독성을 살피다가
행간에 숨은 고통을 만나면
연거푸 커피 마시며 창밖을 바라보곤 해요
햇살이 스며드는 거기 어디쯤
늑골을 지나간 눈물이 여백으로 꿈틀거려요

온종일 웅크리고 있어도 배치와 이동은 필수적이죠
퇴고의 밑거름이 되는 의견을 쓰고 지우며
호흡을 가다듬는 연필심
〉

얽힌 문장의 숨을 고르거나
미처 열지 못한 문을 밀고 나가는

오늘도 책상 밑 수북한 지우개밥
일당으로 받고
눈 붉은 저녁이 왔죠

봄날 오후 그녀에게 전화가 왔다

이맘때였잖아
꼼짝없이 누워 눈물만 줄줄 흘릴 때
꽃내 품고 온 네가 연신 내 몸을 주물렀지

올해도 성내 천변 꽃들은 환장하게 피었더라
꽃이 꽃을 부르며 헤실헤실
그해 봄처럼

겨울 한기 건넜으니 저렇게 환하잖아
잊고 지내다가도 이맘때면
통증이 깨어나는 나처럼 말야

무슨 말이든 해봐
허기질 때 꺼내먹는 곶감 같은 친구야
정기검진 마치고 내려오는데 긴장이 풀렸나
자꾸 졸음이 쏟아지네
〉

살아있는 지금처럼 확실한 게 있을까
그렇게 발칙한 봄날이 또 올까
이맘때면 꼭 다정한 수다가 필요해

한 사람의 손을 잡고

왜 올라갔을까
블루 라군 5m 다이빙대
녹빛 개울물 까마득하다
기대하는 눈빛들 너울치고

어떤 용기는 저도 모르게 일어난다
고소공포가 있고 수영도 못하는 내가
그래도 넘어서고 싶은 내가
엉금엉금 가파른 철제 계단을 올라갔으리라

한발을 내딛고 또 한발 붙이고
그냥 뛰어내리면 그만이라는데
그 한 호흡을 쉬지 못하고
입이 바짝 말라가던 그때

같이 뛰어내릴까요,
허공에 얼어붙은 내게 다가와 손을 잡아준 사람

깊은 물속에서 캄캄하게 떠오른 날 붙잡아
개울 밖으로 밀어 올려준 사람

만용의 서사를 완성시켜 준
가슴털이 드러난 커다란 손
근육질의 구릿빛 손
환호와 박수의 주인공은 저들이다

우물에 빠진 별들

 방역복과 비닐장갑과 마스크로 무장하고 요양병원 현관을 겨우 넘어요

 누구신지? 누구신지, 물어요

 당신은 도마뱀, 꼬리를 자르죠

 어제 만난 사람을 자르고 방금 먹은 밥을 자르고 티브이 드라마를 자르고 발걸음을 자르고 침대에 누워 휠체어에 앉아

 지나온 생 하나하나 자르고 있죠

 돌아가신 아버지가 들판에 나가고 집 나간 오빠가 돌아와 대문을 열고 업어 키운 손주가 깨어나 울죠

 일찍이 당신이 빚은 일곱 별들은

먼 곳에서 희미하다가
제 설움에 겨워 또 반짝이죠

누구도 당신에게 투항하지 않아요
투항할 수 없는 이유들 우물처럼 깊어요

우리는 영영
이 캄캄한 우물에서 벗어나지 못할 것 같아요

이제 우릴 버리세요, 엄마

가을 우화

 근대영화 세트장 같은 방앗간 문간에 고춧자루 참깨 들깨 다라이가 줄을 선다 아는 사람이나 찾는 골목 안쪽, 늙은 기계들이 일제히 깨어나 돌기 시작하고 뽀글파마 마스크 부족들이 긴 장마와 태풍에 살아남은 작물들처럼 옹기종기 모여앉아 왁자하고 베트남에서 시집 온 안주인 능숙하게 고추를 빻고 기름을 짜는 사이사이 방앗간집 사남매 웃음소리 뛰어다닌다 그 맑은 소요 가운데서 옆집 안노인도 우두커니 껍질을 벗고 며칠째, 젖은 날개를 말리고 있다

닭 울음

몰려다니는 울음소리
공중을 휘젓는다

굳게 닫힌 대문을 여는 울음
방 안까지 기웃거리는 울음

해 뜨고 한나절 지나도록
넝쿨장미처럼 달아오르는 울음

엊저녁 제 주인이 병원 간 줄 아는 울음
순전하고도 악착같은 울음

그 가시에 박혀 온 마을이 앓는다

제3부

단추들

저 무수한 눈들은
그해 여름 골짜기를 삼킨 공포

두고 온 식구들 생각에 가슴 미어졌을
마지막을 가장 먼저 알아챘을 눈들

국방색 청색 백색 저마다
또록또록

긴 세월 녹슨 말들이 닦일 때마다
눈빛 흐려졌다 깊어지는데

잘못 채운 단추는 풀어서
다시 차근차근 채워야 하는 이치를

날마다 풀고 채우며
눈동자들 또록또록

발굴

폐허라는 고분이 있다
무진장이라는 울음통이 있다
봉인 풀린 어둠이 걷히자
뒤틀리고 엉겨 붙은 뼈들의 도열식

불안을 불온이라 읽는 바람은
군화를 신고 왔다
서슬 퍼런 발길질
생의 입구 틀어막았다

저승으로 닫지 못한 중음신들이
이승의 땅 밑을 날마다 두드린 곳

어둠을 빛이라 할 수 없어서
어긋나버린 생의 한때를
이제 와 폐허라 부르는 건
사금파리처럼 빛나던 청춘 때문

검정 고무신

몇 날 며칠 움츠리고
숨죽여 흙을 어루고 달래다 보니
하나하나 지상으로 걸어 나오는
검은 신발들

우리 아직 집으로 못 간 거야
전쟁이 아직 끝나지 않은 거야

쏟아지는 햇살에 바들바들 떨며
신발들이 묻는데

그들 중에는 일가 순경이 몰래 돌려보냈으나
자신의 행색이 남루한 탓이라 여기고
가장 아끼는 옷으로 갈아입고
다시 검속지로 온 신발도 있었다

숟가락과 밥그릇

산내 골령골에서 뼈를 수습하는데
녹슨 식기들 따라나와 가지런히 놓였습니다

가는 곳이 형장인지 모르고
가는 곳이 세상 끝인 줄도 모르고
주머니와 허리춤에 챙겼을 흔적들
살아남아야 하는 일념으로, 여태
당신 곁을 지켰을까

무정한 세월
무정한 생활을 더듬는 눈길
뜨거워지고
고장 난 몸 자꾸 흘러내리는데

무정한 생활을 견디는 게 유정이라는 듯
먼 곳에서 달려와 내 손에
숟가락을 쥐어주는 바람소릴 들었습니다

〉
당신이 다녀간 듯 한동안 두리번거렸습니다

이름을 부른다

그의 왼쪽 셔츠 주머니에는 펜이 꽂혀 있다

아들이 선물로 사준 만년필, 시집 표지 열어 놓고 누군가의 이름을 부른다 그러면 그는 한걸음 걸어 나와 지난 흔적 되짚으며 가만히 멈춰 있다가 블랑블랑 웃는다

그것의 이름이 몽블랑이어서는 아니다 나 여기까지 걸어왔네, 그렇군 그렇군, 이번엔 무슨 얘길 들려줄텐가, 대화가 소리 없이 오간다

좋은 날에 부르는 이름과
이름 뒤에 새기는 '모심'으로 깊어지는 잠시잠깐이
푸르게 열리고 닫힌다

그런 날이면 불러도 대답 없는 이름
살아와 온종일 창가를 서성거린다
〉

그의 왼쪽 셔츠 주머니에는 펜이 꽂혀 있다

사람은 일을 하고 밥을 먹고 잠을 자지, 그렇게 사는 거지, 아버지와 어머니와 아내와 어린 자식 눈에 밟히면서도

어둔 세상 끌어당겨 아파하는 것도 좋은 세상 꿈꾸는 것도 사람의 일이어서
인간적으로 오직 인간적으로

침묵할 수 없었을라나
까막눈 이웃들에게 글을 가르치고
예비검속으로 잡혀간 삼촌을 위해 탄원서를 썼을라나

수시로 펜을 끼내 말이 되는 오늘을 쓰고
내 새끼가 살아갈 미래를 쓰며
수형의 그늘에서도 놓지 않은 펜

지울 수 없는 이름을 뒤적이고
뒤적이다가 눈물겹게 아침이 온다

알고 싶어요
– 故 전태환의 딸 순옥 선옥 자매

땅거미 질 무렵 뒷간에서 볼일 보고 나오다 영문도 모르게 끌려가시고 단 며칠 만에 죽임을 당한 아버지, 들으셨나요? 잡아간 이유를?

안경가게 차려 큰돈 벌고 상인연합회 회장도 맡아 힘께나 쓴, 할아버지에게는 논 17마지기를, 할머니에게는 고급 옷칠장을 사드린, 집안의 대들보이자 가정에 충실했던 당신

당신의 죽음을 믿지 못한 할머니는 점집을 돌았고 엄마는 만삭의 몸으로 미친 듯이 골령골을 헤매다녔어요 집에 홀로 남겨진 저는 영양실조로 반송장이 되었다가 몇 달 만에 기운을 차렸다지요 제 나이 겨우 세 살 때였어요

그후 엄마는 남편 잡아먹은 년, 갓 태어난 선옥이조차 아버지 잡아먹은 년이 되어버렸어요 결국 할머니에게 쫓겨난 우린 부산 모자원에 의탁할 수밖에 없었어요

〉

 곤궁한 객지생활로 선옥이는 부산과 부여 할머니 집을 오갔지요 할머니 구박이 독했어요 아버지 얼굴 못 본 것도 한인데 중학교 2학년 때 엄마도 돌아가셨고요 어린것이 얼마나 서러웠을까요

 저는 엄마 빈자리를 채워야 하는 불안으로 잔뼈가 굵었어요 농촌지도소 사환을 시작으로 고속버스 안내양도 했고요 당시 고속버스 안내양은 스튜어디스에 버금가는 인기 직종이었어요

 삼촌 도움으로 당신의 진실규명결정문을 받는 날 모두 울음바다였어요 술만 잡수면 아무데나 주저앉아 당신 이름 부르며 펑펑 울던 할머니 생각에, 우린 당신 없이 산 세월이 억울해, 눈물을 주체할 수 없었어요

 그런데 아버지, 억울한 죽음이 밝혀졌어도 도무지 알

수 없네요 느닷없이 잡아간 이유, 골령골 흙구덩이로 쓸어 넣은 이유를! 아버지는 들으셨나요? 들으셨거들랑 꿈에라도 오셔서 알려 주시렵니까

* 박만순, 『골령골의 기억전쟁』, 고두미, 2020, 144~150쪽, 구술채록을 바탕으로 재구성함.

완벽한 잠

 면죄라니요, 당치 않아요, 여기가 어디죠? 불시에 검문해 가두더니, 골짝 어둑한 다리 밑으로 끌고 오더니, 슬그머니 풀어주고 싶다구요?

 왜요? 여자라서요? 좀 전에 저 위로 끌려간 소년은 죄가 있나요? 트럭에 실려 같이 왔잖아요, 눈망울이 커다래서 떨고 있었잖아요,

 탕 타앙!

 저 소린 뭔가요? 저 위로 올라가면 죽는 건가요? 다음엔 내 차롄가요? 울밑에 선 봉선화야 네 모양이 처량하다 길고 긴 날 여름철에…,

 이럴 줄 몰랐어요, 아저씨 신발에 묻은 그 검붉은 자국은 뭔가요? 왜 나만 따로 부른 거죠? 아저씨, 아저씨 입 냄새가 너무 역해요, 좀 떨어져 주시겠어요?

〉

 면죄라구요? 정말 날 위한 건가요? 옳지 않아요, 지은 죄가 없는 걸요, 내 이름은 류진이예요, 피아노 치며 아이들 가르치는 게 꿈인 공주사범 학생입니다,

 아, 피아노를 칠 수 있을까요? 한 번만이라도, 피아노를 치고 싶어요, 울밑에 선 봉선화야, 내 모습이 처량하다, 아, 노랠 막지 말아요,

 어머니, 아버지, 그래야 할까요? 집으로 돌아가도 될까요? 제발 그만 해요, 날 더럽히지 말아요,

 북풍한설 찬바람에 내 형체가 없어져도, 깨끗한 영혼으로, 그래요, 난 예서 죽겠습니다.

유일한 생존자
― 염인수(1912-2006)

허, 무지막지한 시절을 돌아보라네
죽음의 수렁에서 기적같이 살아남았다고
야단인가보네만
그 목숨으로 부지한 세월 또한 파란했소
일본 유학 다녀와 대전 농사시험장에 직장을 잡고는
글 쓰고 발표하며 문인들과 교류했지
그걸 문학운동이라 하네만 그 시절 문인들 거개 그랬소
현실을 직시하는 것이 글쟁이의 넋 아니오
그런데 전쟁이 나자 사회주의자란 누명을 썼소
대전형무소 취조실은 살과 뼈가 타는 지옥 그대로였소
그놈들 하자는 대로 맥을 놓던가 반병신이 되던가
제2동 20호실, 생각만 해도 온몸이 굳어버리는 곳이오
그 덕분인가, 쓴웃음이 나네만,
형무소 재소자들 트럭에 태우려고 감방문이 열린 순간
무릎이 마비돼 일어설 수가 없었소
간수가 그런 날 미처 보지 못하고 문을 닫았는데
생사가 갈린 순간이었소, 참으로 기막힌 건

부역자 명단에 올라 도망자 신세가 되었다는 거요
오랜 세월 이름을 숨긴 채 살아야 했소
이발사, 뻥튀기 장사, 막노동, 안 해 본 것이 없소
객지로 떠돌면서도 두 눈 부릅뜨고 버틴 건
써야만 했기 때문이오, 내가 겪은 이야기
그 참혹한 흔적들을 남겨야 했기 때문이오
그것이 오로지 나를 증명하는 길이라 여겼소
그렇소, 강은 흐르지요
침묵의 족쇄가 풀린 뼈잿골에 평화공원이 들어선다니
이리 반가울 수가 없소
거기 묻힌 혼들은 오죽하시겠소

* 염인수의 장편 기록소설 『깊은 江은 흐른다』(심지, 1989)에 기초해 고인의 육성으로 재구성함. '제2동 20호실'은 소설 속의 소제목.

담배 이야기
― 故 전재홍의 딸 전미경

  아버지는 담배를 좋아하셨대요 농사지은 담뱃잎 잘게 썰어 종이에 말아 피우셨는데 칼로 썰어야 했대요 목숨 위태로운 작은아버지 북으로 피신시키고 아버지도 뒷산 굴속에 숨어 좋아하는 담배 벗 삼아 하루하루 버티셨대요

  산천 푸르러지고 초가지붕 위로 뭉게구름 하늘하늘 피어나는데 들판엔 작물들이 쑥쑥 자라는데 캄캄한 바위처럼 웅크려 얼마나 갑갑했겠어요 밤마다 지척을 긁어대는 짐승 소리는 또 얼마나 무서웠겠고요

  갓 걸음마 뗀 딸이 걷는 걸 보고 싶어 내려왔다 체포됐는데 어찌나 고문이 심했나 은신처를 말하셨대요 굴을 수색하더니 칼이 나왔다고 그걸 증거로 살인혐의를 씌워버린 거예요

  징용에 끌려가 돌아오지 못한 큰고모부, 우익 단체에게 독살당한 오빠, 연좌제에 묶여 있다가 세상을 등진 막내

삼촌, 경찰에게 두들겨 맞아 어깨뼈가 골절되고 고막이 터진 할머니, 거듭된 충격으로 정신을 놓은 할아버지

 어린 난 끝 모를 감시와 괴롭힘 속에서 대소변을 가리지 못하는 할아버지 빨래와 병간호로 시퍼렇게 얼어붙었어요 산 것도 죽은 것도 아니었어요 슬픔이란 감정도 다 남의 것이었어요 오로지 버티고 버티는 것만이 내 것이었어요

 아버지가 담배를 좋아하지 않았다면 굴속에서 칼이 나오지 않았다면 스물넷 청춘은 살 수 있었을까요? 지금도 담배를 보면 울컥합니다 그래서 다른 것도 다른 거지만 무엇보다 담배는 꼭 피워드려요, 젯상에

 뼈잿골에서 다시 만난 당신의 이야기, 눈물과 그리움으로 타들어가고 무덤가 담뱃재처럼 사위어가고

비명을 찾아서

아파도 아프다고
말할 수 없던 날들

긴 시간 끝에
지워지고 재갈이 물린 입
말문이 열리기 시작했으나

훼손된 유해 수습할 길 막막하고
또다시 뒤엉키고 흩어지는
설움 겹겹

언제쯤에야 제대로 모실까
하얀 비명을 찾아 떠도는
불안한 눈빛들

잠들 수 없는 고통이 우거진
낭월동 골짜기

들불

벽초 선생이 『임꺽정』을 쓸 때는
우리의 것이 가파르게 지워지던 시대였고

현기영 선생이 『순이 삼촌』을 쓸 때는
독재가 위세등등했는데

오늘을 살아가는 것도
담벼락에 부딪치며 내일로 가야 하는가

살아남은 눈길들이
서로를 부른다

슬픔을 제 뼈에 새기는 몸들
식지 않는다

치자꽃이 피면

오래 많이 아팠던 당신을 보내고
석양이 피었습니다

고장 난 어깨 망가진 무릎도
훈장처럼 피어 희게 웃고 있습니다

온몸으로 진창을 밀고
별이 뜨지 않는 밤에도 약을 달이고

그랬다면
내일의 목록은 다시 쓰지 않아도 좋겠습니다

제4부

염소

산사태에 묻혔다가 살아나온 염소
온몸에 진흙 뒤집어쓴 채 눈도 못 뜨고 서 있다

텃논 물꼬 본다고 큰물에 휩쓸렸다가
집채만 한 나뭇등걸 붙잡고 살아오신 염소

물비린내 범람하는 들판을 바라보며
울지도 못하고 떨고 있는,

아버지

수탉

서녘에 매이지 말고 동 트는 새벽을 향해 제대로 울어라

큰 목청으로 낮밤 없이 집 안팎을 울리던 그가
어느 날부터 목울대 접고 시름시름 앓자

대처에 나가 있던 자식들이 먹이 물어다주고
물그릇 밀어주며 숨 가쁘게 오갔는데

한올 한올 깃털에 새겨지는 정성으로 십년을 버틴
그가 남긴 유언이

골목 가로등으로 도시의 밤을 닦아주고 있다

곰나루 소나무들

곧게 자란 나무가 없다
굵고 반듯하게 자라면서도
어깨가 굽은 소나무
수많은 가지 살피느라 허리가 휘어진 소나무
햇살 찾아 제 키만 키우는 소나무
하나같이 못난이로 자라
서로에게 치어 자릴 비켜주면서
그렇게 몸 비비 틀면서
저도 모르게 숲이 되고 있다
거북이등껍질 같은 울음을 꺼내
바람에 날리는 사방
푸른 그늘들

창밖은 봄

무슨 바람으로 옷장을 열었을까
스타일도 치수도 맞지 않아
바깥바람 쐬지 못하고 뒤엉켜
늙어가는 옷들 절반은 무채색
지루한 표정으로
걸려 있다, 돌이켜보면
유행은 늘 내 몸 밖에 있었다

두리번거리지 않아도
켜켜이 다가오는 궂은일들
거리로 사람들 곁으로
먼저 다가가 손잡고 귀 기울이며
깊어진 마음들, 가슴 찢는 아픔도
의연히 버텨온
서랍마다 옷걸이마다 층층 접혀 있는
시간들을 꺼낸다
〉

나를 지나온 얼룩으로 남아서
점점 작아지고 창백해져서
종일토록 버리고 버렸다, 한 뼘 가벼워졌을까
삼촌네 헌옷가게 아저씨
저울에 올려진 묵은 이력들
24kg 6천 원

오래 지나 열어보면 그리울 거야
창밖은 꽃봄이니까

그녀의 배후는 그녀다

때 없이 울어대는 청계닭들이 그녀를 일으키고
닭장으로 마당으로 뒤란 텃밭으로 오가는
발소리, 발소리들

발소리에도 표정이 있다
발소리 따라 닭들이 모여들고
텃밭 푸성귀 너풀너풀 춤추고
수돗가 양동이 호미 씻는 소리 투명하고

어제가 어제 같고 오늘이 오늘 같은 날
김매기 여왕, 매운 고추 농사 내려놓자
헛간 무거운 농기구도 졸고 있는데

자리보전하던 영감 보내고
끼니 챙겨주던 이웃형님도 보내고
온몸 내리누르던 눈물 마르지 않았는데
〉

우두커니 앉아 있으면 한없이 헐거워지는 生
쓸쓸한 사방을 붙들고 다독이며
움직인다, 일을 멈추지 않는다

움직이다 보면 차근차근 살아질 거야
밤새 접혀 있던 적막을 풀어내는
그녀, 아침이슬 마르기 전에 더 반짝인다

수레를 밀고 가는 사람

날이 저물면
드문드문한 불빛 사이로
어둠이 내려앉아 더 적막한 골목
수레 삐걱이며 파장의 시간을 밀고 가는 사람
우리 집에 기척이 있으면
불 넣는가, 꽃이 피었네
이건 무슨 꽃인가, 묻곤 하다가
쑥절편 낑깡 두릅순도 주섬주섬
풀어놓고 가는 사람
오늘은 저녁도 이슥한데
바위솔 앵초꽃 몇 포기 들고 오셨다
마당에 불 밝히고
작은 화단 빈 자리 찾아
서둘러 꽃 심고는
답례로 패랭이꽃 한 덩이 떠 드리자
진분홍 꽃잎처럼 물드는 얼굴
〉

외롭지 않게 돌아가는 길엔
다정이 지그재그 흥겨웠다

진면목

중학교 안 검은 비석
비문을 짚어가며 천천히 읽는다
유순해진 볕에 눈을 열면서

학교 건립할 때 조종구 씨가
토지 677평을 내주어
그 공덕을 기린다는 내용

이분이 뒷집 풍호 아버지야
이 학교 졸업한 나도 몰랐던 이야기에 놀란다

늘 조용했던 초가집
자주 술에 취한 키 작은 아저씨
술자시고 길에서 주무신다는데 모시러 가야지
장터로 잘란잘란 걸음을 떼던 아주머니
불현듯 떠올라 더 놀라는데
〉

윗말 가는 길이 좁아 길 넓히는데
우리 아버지도 논 한 마지기 턱 내놓으셨지

필요할 때 선뜻 땅을 내어놓는 마음에 코끝 찡한 날
무심코 스치던 운동장과 고샅에서
깊어지는 올해 겨울

만세탕

 살아있으니 만나네 댕겨앉아 불 좀 쐐여 추울 땐 몸보신을 허야지 여름엔 다리만 먹지만 겨울철엔 통째로 먹어도 돼여 옛날처럼 개울 돌멩이 들쳐 올리며 손 시퍼렇게 얼믄서 잡아먹어야 제맛인데 요즘은 잡는 게 금지여 할 수 읎이 양식장에서 사온겨 우리가 기력 잃고 비실거리면 아부지들이 깨구락지 잡아 멕였잖어 먹을 거 천진데 굳이 이걸 먹냐고 타박 말어 봐봐, 다리 쭉 뻗고 만세 부르며 죽은 이놈이 숫놈이여, 다리로 배를 감싸고 죽은 이놈은 암놈, 알을 보호하려는 본능 같은 거여, 신기허지? 소식 하나 읎다가 사십년 만에 효재도 오구 퇴직하고 시골집에 들어와 살믄서 마당에 텐트 치고 불 피워준 명호도 있구 우리 중에 시인도 나오구 자주 보는 연춘이 우춘이 병호 인마들은 그냥 엑스트라여 여기저기 흩어져 살다가 이리 만난 것도 신기한 일 아녀? 촌놈들이 출세혔다! 아 출세가 별거여 별탈 읎이 살아가는 게 출세지 아직은 현역인 나 주원이가 한턱 쏘는 거니께 먹어보자구 만세를 불러보자구 어라 또 골바람 분다야 병호 니 살랑살랑 주

뎅이만 놀리지 말고 모닥불에 장작 좀 올려봐라 저 바람 벌겋게 태워뿔자

때가 되었다는 말

너무 빠른 것은 아닌가, 늦은 것은 아닌가
머뭇거리고 서성거리는 사이

빠르거나 느리거나 적당한 때를 잘 맞춘 일도
돌부리에 걸려 넘어지기 일쑤
흙검불 툭툭 털고 다시 걸어왔는데

바닥을 치면 일어설 때라는 말도 누군가에겐 헛말인지도 모른다
이제껏 모든 순간은 순간 너머로 이어지며 빛났지만

갈 때가 된 것 같아,
호스피스 병상에서 간신히 토해놓는 말
힘겹게 들어 올려 배웅하는 앙상한 손짓

연말이면 미완의 습작이며 이루지 못한 작심이며
빛바랜 미련들 그러모아 태우던 우리만의 낙엽제처럼

〉
그러니까 그 말은 너를 보내야 할 때라는 말
여고시절 달콤쌉싸름한 사랑도 눈물도
우리 함께, 를 놓아야 한다는 말

이건 아니잖아, 너무 이르잖아
가슴 안쪽을 치고 올라오는 이 불덩이를 어찌해야 하나
목련 겨울눈이 파르르 떨다가
희푸르게 젖는다

겨울비 추적추적 내리고
시야를 가리며 을씨년스럽게 내리고

나는 지금 어느 때를 지나고 있나
차가운 이 계절은 영영 풀리지 않을 것만 같고

꽃의 시간을 애도함

저 홀로 피어 몇 날 며칠
꼿꼿이 버티다가

내 눈길 닿자
붉은 입술 달싹이는가 싶더니

툭, 숨을 놓아버린
동백 한 송이

피고 지는 게 꽃의 일이라는데
가장 이뻤으나 쓸쓸했을 시간

쓰다듬으며 다만
나를 기다려준 그 곁에 오래도록 앉아 있으니

깊은 마음

해 뜨면 대문 열고
저물면 대문을 닫는 저이
날이 흐리거나 맑거나 하루도 빠짐없다

문이 열려 있으면
누구나 오가도 좋다는 의미

사나흘 대문이 닫혀 있어
병원 가셨나 집안에 큰일이 생겼나
자주 문밖을 내다봤다

대문을 열어놓는 게
얼마나 환한 일인지

내 곁에
빗장을 열고 사는 사람이 있다
대문 하나로 사람을 끌어당기는 집이 있다

당신과 나

한 달에 두 번 염색을 하는 당신과
서너 달에 한번 염색을 하는 나와

헤아릴 필요도 없이
먼빛을 바라며 걷는 길

우리의 백년이 샛길로 간다 해도
서로에게

참을 수 있는 존재가 된다는 것은
얼마나 다행인가

해설

애도와 생성을 향한 이름의 윤리학

김정숙(문학평론가, 충남대 교수)

1. 이름대로 산다는 것

세상의 모든 것에는 고유한 이름이 있다. 설령 지금은 이름이 없다 해도 미지의 대상은 어떤 식으로든 호명되어 새롭게 태어난다. 부르는 일, 불리는 일은 관계의 시작이다. 그것은 새로운 생명으로 태어나는 동시에 부자유에 갇히는 틀이 되기도 한다. 호명은 언어를 통해 주체와 타자를 구성하는 것이며, 현실과 관계 맺는 이데올로기의 발현이다. 그 과정에는 원심력과 구심력의 팽팽한 대결과도 같은 억압과 탈주의 동시적 힘이 작용한다. 그 힘은 때로 고통스럽지만 창조적인 주체로 변화시키는 생산적인 것이다.[1] 이러한 방향성은 시인 자신에게 부여된 '이름'을 대하는 태도와 긴밀하게 닿아 있다. 시집 『구석으로부터』는 함순례라는 시인 자신의 이름에 담긴 의미와 소명을 깊게 성찰한다. 이러한 사유를 통해 시인은 기호에 의해 구성되는 언어-주체가 된다.

  '힘순례 손모음' 휴대폰 문자 말미 맺는 인사에 번번이 오타가 난다 앗차 왜 불쑥불쑥 힘이 튀어나오는 걸까 힘을 모으고 싶은 걸까 힘에 점 하나 찍으면 다한다는 의미의 함이 되니 힘내서 하자는 걸까 내 이름을 잘못 쓰면서 오타를 고치면서 힘과 함 사이에서 모처럼 웃는다 여름의 얼룩이 지워지지 않아 고전하던 날이었다
                                                -「함과 힘 사이」 전문

  이름대로 산다고 했던가
  순하고 예의 바르게, 순례
  촌스럽기 그지없지만 '함'자 성이 받쳐주니
  단아한 조선미인 같다는 이름

---

1) 김정숙, 『한국현대소설과 주체의 호명』(역락, 2006, 책머리에).

사실 나는 제대로 가고 있는가
길을 찾아 떠도는 순례자의 마음 컸는데

몽산 선생이 새로 징검다리 '矴'자를 새겨주었네
사람과 사람, 세상의 징검다리가 되라는 말씀
가마득한 마음 구석에 내려놓는
지긋한 위로와 환대의 눈빛

돌과 물이 만나면
이쪽과 저쪽의 벽을 허물 수 있다 하니
도장을 찍을 때마다 골똘해져서

누군가의 여울에 징검돌이 되려고
더 어두워질까 두렵네

― 「징검다리 례」 전문

  시 「함과 힘 사이」는 일상에서의 소소한 사건을 통해 '함과 힘의 상충'을 이야기한다. 시인은 휴대폰으로 문자를 보내는 도중에 "힘순례 손모음"이라는 오타를 내는 빈번한 상황을 겪으며 오타가 나오는 것에 놀람과 의문을 갖는다.

왜 갑자기 힘이 튀어나오는 것일까, 힘을 모으고 싶은 것일까, 혹은 함을 통해 힘을 나누고 싶은 것일까 하는 갈등과 의문은 이름에 대한 의미와 시인으로서의 정체성을 찾아가는 것으로 이어진다. 힘을 모으고 싶다는 욕구는 힘에 대한 부담감과 어려움도 동반한다. 이러한 갈등 속에서 "힘에 점 하나 찍으면 다한다는 의미의 함"을 통해 힘이 나타나는 순간에 함께 있으면 어려움을 극복할 수 있다는 믿음을 깨닫는다. 여전히 "여름의 얼룩이 지워지지 않아 고전하던 날"이 지속되고 있지만 시인은 이러한 고민과 갈등 속에서 모처럼 웃음을 지으며 삶의 모순과 의지를 받아들인다.

「징검다리 례」 역시 순례하는 사람의 내면 갈등과 성장, 자신의 삶과 존재에 대한 의문과 갈망을 담고 있다. 시인은 이름대로 순하고 예의 바르게 살아가는 것이 중요하다고 여긴다. 그러나 그렇게 살아가는 동안에도 자신이 제대로 가고 있는지 의문이 든다. 순례라는 길을 찾아 헤매던 마음은 크게 자라나고 있지만, 여전히 길을 찾아 헤매고 있다. "나는 제대로 가고 있는가" 자문할 때, 몽산 선생이 새로 징검다리의 한 글자 [砅]를 새겨준다. "앞서거니 뒤서거니 모든 걸음/둥글게 돌아//일어서는 몸도 저무는 마음도/가볍게 만나지는" '이웅다리', '징검다리', '징검돌'은 시인의 이름 중 '레'가 내포하고 있는 소명과 연결성을 상징한다.

연결된다는 것은 사람과 사람, 세상 간의 소통이 중요하다는 것을 의미한다. 그리고 그 소통의 중심에는 위로와 환대가 있다. 이러한 소통은 마음의 깊은 곳에서 이루어지며, 시인은 징검다리가 되어 다른 이들의 위로와 환대를 받으면서, 자신의 마음속 깊은 곳에도 위로와 희망을 놓고 있다. 돌과 물이 만나면 벽을 허물 수 있다는 말에 영감을 받아, 시인은 자신의 존재와 행동이 누군가에게 위로와 희망이 되기를 바라고 있다. 그러나 동시에 그 선택이 자신을 더 어둡게 만들지 않을까 두렵기도 하다. 이는 자신의 행동이 다른 이들을 어두운 곳으로 끌어당길 수도 있다는 불안과 고민을 동반하기 때문이다.

2. 대답 없는 이름을 향한 애도

자신의 이름에 대해 무겁게 느끼고 그 의미를 되새기며 시인은 잊혀진 이름들에 다가간다. 시편들은 "순전하고도 악착같은 울음"(「닭 싸움」), 죽음을 환유하는 '곡비'와 '폭우'처럼 크고 작은 자연재해와 사회적 재난, 개인적이며 역사적 죽음들을 겪으며 슬픔과 떠남과 그리움을 다양하게 변주하고 있다. "스무 살 내게 곁방을 내어주고/철로변 흔들리는 세간에도 맑은 기운 잃지 않았던" 외삼촌과 "골목 가로등으로 도시의 밤을 닦아주고 있"(「수탉」)는 아버지의 죽음은 시인에게 "타버린 폐허"처럼 다가온다.

> 새벽부터 지붕 두드리는 빗소리에 귀가 열려
> 가슴을 쓸어내렸다
>
> 큰 불길 잡히면 또 하나 잡히겠지
> 앞이 보인다 싶으면
> 실핏줄 돌게 마련이지 하다가
>
> 왜 이 비는 타버린 폐허 위에 내리는가
> 왜 산불은 해마다 돌아오는가
>
> 처마 끝에 앉아서
> 꽃망울 터지고 연둣빛 틔워 올리는
> 앞산을 바라보는 눈길이 젖는다
>
> 뒤늦은 비가 내리고
> 타버린 것들 위에 비는 내리는데

집안으로 들인 걸음마다 생기가 돌고

들판으로 나갈 모종판 챙기는 손길이 젖는데

산기슭 아래

속 시커멓게 내려앉아

젖지 못하는 사람들

―「곡비」 전문

 시인은 새벽부터 지붕을 두드리는 빗소리에 귀를 기울이며 가슴을 쓸어내린다. 그러나 큰 불길이 하나 잡히면 또 다른 불길이 생길 것이라는 생각에 불안해진다. 타버린 폐허 위에 내리는 비와 해마다 돌아오는 산불은 삶의 불확실성과 재앙에 대한 절망적 현실을 상징한다. 이러한 재난 상황은 방역복과 비닐장갑과 마스크로 무장하며 지낸 '역병'의 경험을 떠오르게 한다. 시인은 왜 비가 타버린 폐허 위에 내리는지, 왜 산불은 매년 돌아오는지 반문한다. 걸음마다 생기가 돌고 들판으로 나갈 모종을 챙기는 희망의 손길 뒤에도 산기슭 아래에는 여전히 젖지 못하는 사람들이 있다. 그들은 아직도 젖지 못하고, 무력하게 고통 속에 묻혀있다. 시인은 죽은 사람을 위해 대신 울어주는 '곡비'

처럼 고통을 겪고 있는 존재들을 위해 함께 울고 있다.

> 저 홀로 피어 몇 날 며칠
> 꼿꼿이 버티다가
>
> 내 눈길 닿자
> 붉은 입술 달싹이는가 싶더니
>
> 툭, 숨을 놓아버린
> 동백 한 송이
>
> 피고 지는 게 꽃의 일이라는데
> 가장 이뻤으나 쓸쓸했을 시간
>
> 쓰다듬으며 다만
> 나를 기다려준 그 곁에 오래도록 앉아 있으니
> ―「꽃의 시간을 애도함」 전문

시인은 홀로 피어서 몇 날 며칠을 버티던 꽃을 발견한다. 그런데 그 꽃은 시인의 눈길에 닿자마자 숨을 놓아버린다. 꽃의 피고 지는 자연스러운 과정이 꽃의 일이라는 것을 알면서도, 이 꽃이 피어 있던 시간은 아름답지만 동시에 허허하다. "동백 한 송이"의 생처럼 삶은 유한하며 무상하고 쓸쓸하다. 시인은 꽃이 피고 지는 동안 그 곁에서 다만 쓰다듬으며 기다려주는 것이 전부였다는 것을 깨닫는다. 시인은 그 곁에서 오래도록 앉아 있으면서 꽃의 아름다움과 함께 그 시간을 애도하고 있다. 우리에게 가장 짙고 깊은 시간은 애도의 순간일 것이다. 듣기만 해도 가슴이 뛰고 설레는 '사월'은 세월호의 "별이 된 아이들"과 함께 "무너진 봄"이 되었다. 시인은 "핏방울 수혈하듯 사나흘 꼼짝없이 누워"(「연두」) 서러워할밖에 어찌할 도리가 없다.

시집 3부의 시편들은 "저승으로 딛지 못한 중음신들이/이승의 땅 밑을 날마다 두드린 곳"(「발굴」)에 갇힌 골령골의 주검들을 소환한다. 숨기고 감추어야 하는 것으로 강요받았던 죽음을 우리는 어떻게 마주해야 할까.[2] 시인은 죽음의 내막을 따라 그곳에 아픈 사람들이 있음을 그리고 있다. 세상에서 가장 긴 무덤으로 불리는 대전 산내의 골령골은 한국전쟁 중 국가폭력에 의한 자행된 집단학살(제노사이드)의 장소이다. 이 사건과 장소는 좌·우이데올로기로 행해진 민간 집단학살이라는 점에서 더욱 문제적이다. 트

---

[2] 김정숙, 「골령골에 우리가 있다」(『세종시마루』 제10호, 2023) 부분.

럭에 실려 온 많은 수의 사람들의 모습과 계속 이어진 총소리, 핏물이 내를 이뤄 흘러간 장면을 직간접적으로 보고 들은 골령골과 관련된 예화들은 한국전쟁의 비극과 이후 대전 지역 및 사회에 상처와 트라우마로 내면화되었다.

아파도 아프다고
말할 수 없던 날들

긴 시간 끝에
지워지고 재갈이 물린 입
말문이 열리기 시작했으나

훼손된 유해 수습할 길 막막하고
또다시 뒤엉키고 흩어지는
설움 겹겹

언제쯤에야 제대로 모실까
하얀 비명을 찾아 떠도는
불안한 눈빛들

잠들 수 없는 고통이 우거진

낭월동 골짜기

—「비명을 찾아서」전문

　시인은 예전에는 아파도 아프다고 말하지 못했던 날들을 회상한다. 그러나 시간이 흐르고, 말하지 못했던 아픔이 서서히 드러나기 시작한다. 하지만 아직도 상처를 치유하고, 그 아픔을 이해하고 받아들이는 길을 찾지 못하고 있다. 훼손된 유해를 수습할 길이 없어 마음은 여전히 혼란스럽고 불안하여 잠들 수 없다. 언제쯤이면 이 고통을 제대로 이겨낼 수 있을지, 자신의 내면에서 울려 퍼지는 "하얀 비명"을 찾아 헤매며 고통과 싸우고 있다. 불안한 마음과 고통의 울림이 낭월동 골짜기에 우거진 것처럼 자신을 감싸고 있다.

　한국전쟁으로 촉발된 이념의 총구는 무참하게 생명을 앗아갔다. 서슬 퍼런 군화의 발길질은 생의 입구를 틀어막았고, 사금파리처럼 빛나던 청춘의 생은 '폐허'가 되었다. 극도의 고문을 당하며 심문 끝에 즉결심판을 받고 사형된 죽음들은 '피의 골짜기'를 채웠고, 살아남은 사람들은 눈물로 골짜기를 채우고 있다.

　　저 무수한 눈들은

그해 여름 골짜기를 삼킨 공포

두고 온 식구들 생각에 가슴 미어졌을
마지막을 가장 먼저 알아챘을 눈들

국방색 청색 백색 저마다
또록또록

긴 세월 녹슨 말들이 닦일 때마다
눈빛 흐려졌다 깊어지는데

잘못 채운 단추는 풀어서
다시 차근차근 채워야 하는 이치를

날마다 풀고 채우며
눈동자들 또록또록

-「단추들」전문

  주검들의 옷에 달린 단추들은 구덩이에 파묻히는 광경을 생생하게 기억하고 있는 또 다른 눈동자들을 상징한다. 눈동자에 비친 형상들은 서로를 비추고 있다. 흙에 묻혀간 주검들은 공포와 눈물과 죽은 이유를 알지 못한 채로, 수습된 뼈와 옷과 고무신을 바라보는 산 자들의 눈은 눈물과 그리움과 트라우마와 낙인의 고통으로 허방을 맴돈다. 잘못 채워진 단추를 풀고 다시 채울 때마다 죽은 자와 산 자 모두에게 그날의 과오가 뼈저리게 다가올 것이다. 지독히도 알고 싶은 골령골의 비극적 참상은 '또록또록' 말간 눈물방울로 바라볼 때에 선명해진다. 당신 곁을 지켰을 "숟가락과 밥그릇", 가족의 품으로 돌아오지 못한 '검정 고무신들'은 오늘도 저릿저릿 장맛비처럼 아프게 헤매고 있을 것이다.

3. 비통한 존재를 향한 기억의 윤리

아픈 사람에게 어떻게 다가갈 것인가. 시인은 구술자의 아픔을 듣는 기록가의 자리에 위치한다. 그리고 고요히 듣는다. 아픈 사람은 이야기한다. 사람들의 고통에는 이야기가 담겨 있기 때문이다. 고통이 깊을수록 발화하는 것이 힘겹다. 주목받지 못했거나 눌려 있는 감정들일수록 그 강도는 깊다. 그래서 한 사람 한 사람의 이야기는 기억이고 기록이며 역사가 된다.

갓 걸음마 떼던 딸이 걷는 걸 보고 싶어 내려왔다 체포
됐는데 어찌나 고문이 심했나 은신처를 말하셨대요 굴을
수색하더니 칼이 나왔다고 그걸 증거로 살인혐의를 씌워
버린 거예요

징용에 끌려가 돌아오지 못한 큰고모부, 우익 단체에게
독살당한 오빠, 연좌제에 묶여 있다가 세상을 등진 막내
삼촌, 경찰과 우익들에게 두들겨 맞아 어깨뼈가 골절되고
고막이 터진 할머니, 거듭된 충격으로 정신을 놓으신 할아
버지

어린 난 끝 모를 감시와 괴롭힘 속에서 대소변을 가리지
못하는 할아버지 빨래와 병간호로 시퍼렇게 얼어붙었어요
산 것도 죽은 것도 아니었어요 슬픔이란 감정도 다 남의
것이었어요 오로지 버티고 버티는 것만이 내 것이었어요
─「담배 이야기」 3~5연

시에 담긴 구술자의 육성과 재현이 아프게 다가온다. 한
국전쟁은 이데올로기의 충돌로 야기된 비극적 사건이다.
전쟁이 지닌 복합적인 다층성에 주목해야 하는 이유는 전

쟁을 둘러싼 맥락과 상황에 대한 이해뿐만 아니라 문제에 대한 답을 통해 비극적인 사건을 다시 겪지 않기 위해서이다. 그런 점에서 시인의 '기록'은 중요한 의미를 지닌다. 폭력의 얼굴을 하고 있는 한국전쟁과 골령골에는 일본의 제국주의, 좌우의 이데올로기 쟁투, 연좌제라는 법과 제도가 중층적으로 얽혀 있다. "깨끗한 영혼"으로 남고자 차라리 죽겠다고 말한 「완벽한 잠」의 공주사범 학생처럼 사람들은 징용으로 끌려가고, 독살되고, 자살을 하고, 정신이상자가 되거나 병으로 죽는다.

시인이 기록한 이야기는 생생한 현장으로 우리를 데려간다. 갓 걸음마 떼던 딸은 '산 것도 죽은 것도' 아닌 채 오로지 지옥 같은 날들을 버티고 버티는 것으로 살아남았다. 「알고 싶어요」의 세 살 난 순옥이는 엄마의 빈자리를 채우며 살아남아야 하는 불안으로 잔뼈가 굵었고, 아빠 얼굴도 모르고 태어난 어린 선옥이는 곤궁한 객지 생활로 할머니의 구박을 받으며 부산과 부여 할머니 집을 오갔고, 열네 살 때는 엄마마저 세상을 떠났다. 순옥과 선옥 자매는 모자원에 맡겨진 채 서러운 시간을 지나왔다. 고통의 심연은 그때 그곳의 사람들로부터 지금 여기의 우리에게 이어지고 있다.

시인은 증언과 재현의 구술 방법을 통해 사건을 재현하

고 실체화함으로써 현재적인 의미를 들려준다. 경험한 자들의 내밀한 의식과 기억을 다룬다는 점에서 시편들은 골령골에 대한 구술자들의 경험과 기억이 한국전쟁 당시의 기억 간 교차되는 치열한 지점들을 알 수 있게 해준다. "그해 여름 골짜기를 삼킨 공포"(「단추들」)에 갇힌 주검들은 이승을 떠나지 못하고 있다. 어둠 속에 눌려 있다 지상으로 걸어 나오는 검은 신발들은 원혼들의 다른 이름이다. "우리 아직 집으로 못 간 거야/전쟁이 아직 끝나지 않은 거야"(「검정 고무신」)라는 거처 없는 목소리는 국가폭력에 의한 죽음과 고통이 현재에도 지속되고 있음을 보여준다.

고통에 유효기간이 있을까. 장소의 의미를 둘러싼 싸움은 기억에 대한 투쟁이다. 한국전쟁 후 골령골 사람들은 말할 기회가 없었거나 '삶'을 지켜내기 위해 침묵할 수밖에 없었을 것이다. 시인은 섣부른 용서와 이해로 독자를 이끌지 않는다. 시편들은 골령골의 학살을 경험한 당사자뿐만 아니라 사건 이후의 연결된 사람들에게 전쟁이 얼마나 끔찍한 것인지 듣고 공감하되 감정을 과잉되게 분출하지 않고 담담하게 마주한다. 골령골 원혼들을 위로하고 맺힌 원한을 풀기 위해 시편들은 "긴 세월 녹슨 말들"(「단추들」)을 맑게 닦아주며 개인들의 역사를 써나가는 일이 기억의 윤리임을 깊은 육성으로 들려준다.

현실을 직시하는 것이 글쟁이의 넋 아니오
그런데 전쟁이 나자 사회주의자란 누명을 썼소
대전형무소 취조실은 살과 뼈가 타는 지옥 그대로였소
그놈들 하자는 대로 맥을 놓던가 반병신이 되던가
제2동 20호실, 생각만 해도 온몸이 굳어버리는 곳이오
그 덕분인가, 쓴웃음이 나네만,
형무소 재소자들 트럭에 태우려고 감방문이 열린 순간
무릎이 마비돼 일어설 수가 없었소
간수가 그런 날 미처 보지 못하고 문을 닫았는데
생사가 갈린 순간이었소, 참으로 기막힌 건
부역자 명단에 올라 도망자 신세가 되었다는 거요
오랜 세월 이름을 숨긴 채 살아야 했소
이발사, 뻥튀기 장사, 막노동, 안 해 본 것이 없소
객지로 떠돌면서도 두 눈 부릅뜨고 버틴 건
써야만 했기 때문이오, 내가 겪은 이야기
그 참혹한 흔적들을 남겨야 했기 때문이오
그것이 오로시 나를 증명하는 길이라 여겼소
　　　　－「유일한 생존자 – 염인수(1912-2006)」 부분

시는 자신의 신분을 숨기고 삶을 이어가야 했던 작가 염

인수의 고통스러운 현실과 생애를 보여준다. 염인수는 한국전쟁이 발발하자 사회주의자로 몰려 대전형무소 제2동 20호실에 수감되었고, 그곳에서 극악한 환경과 대우를 받았다. 대전형무소의 취조실은 살과 뼈가 타는 지옥과 같았고, 감옥을 빠져나가 자유를 찾은 순간 그는 도망자로 낙인 찍혔다. 그는 현실을 직시하고, 대전형무소에서의 참혹한 경험과 격리된 삶, 그에 대한 절망과 무력함을 증언하고 있다. 그의 이야기는 생존을 위해 저항하고 버텨낸 경험을 문학으로 남겨 자신을 증명하는 동시에 참혹한 체제 아래 고통받은 많은 이들의 이야기를 대변해준다. 이 시는 대전형무소 학살의 유일한 생존자인 염인수의 목소리를 기록하여 인간 존엄성을 회복하고자 문학적으로 풀어낸 또 다른 시대의 증언자라고 할 수 있다.

이처럼 역사적 고통에는 공소시효가 없다. 죽은 자에게 물을 수밖에 없는 그날의 진실들을 우리가 외면하지 않아야 하는 이유다. 고통을 겪은 사람들의 이야기를 들으며 함께 그 고통을 느끼는 사람들은 서로에게 위로가 된다. 이야기 속으로 기꺼이 들어가 공감할 때 우리는 진실한 목소리를 들을 수 있으며, 골령골의 실체적 '진실'에 다가설 수 있게 된다.

4. 생성을 향한 회복의 힘

고통을 기억하고 읽는다는 것은 위로와 해원의 과정에 참여하겠다는 윤리적 태도다. 현대사의 비극인 한국전쟁과 산내 골령골 학살, 제주 4.3사건, 세월호의 형상화는 이름 없는 존재들, 지워진 이름들을 애도하는 마음이다. 진정한 애도 후 죽음은 다른 의미에서 새롭게 생성되는 사건이 된다. "수시로 펜을 꺼내 말이 되는 오늘을 쓰고/내 새끼가 살아갈 미래를 쓰며/수형의 그늘에서도 놓지 않은 펜//지울 수 없는 이름을 뒤적이고/뒤적이다가 눈물겹게 아침이"(「이름을 부른다」) 오듯이!

구석으로 모여든 낙엽을 보며 나무도 뿌리도 "제대로 썩어 거름이 되"어 "서로 기대어 점차 차가워지는 계절을 예비"(「구석으로부터」)하는 것이기에 죽음은 소멸이 아니다. 그 새로움은 무엇보다도 시인 곁에서 함께 살아가는 사람들이 내리고 있는 삶의 '뿌리'로부터 생성된다.

땅속은 네 눈이 닿지 않는 은신처

팔다리 잘린 대추나무 밑동이라서 나는 더 이상
허공을 경작하지 않아도 되어서

전지가위나 들고 서성거리는 내 발자국
낱낱이 기록하는 중이라서

나무였다가 사자가 되고
식물이었다가 동물이었다가
이념은 맹독이 아니라
다양성의 규칙

네가 헐거워지는 때를 노려
화단 지나 마당 건너 대문 너머
잎잎 가시 초록 뿔
끝내 죽지 않고 살아서

바람 부는 날이면 광장으로 갈 거야
네가 두 손 들 때까지
제 발로 밥그릇 걷어찰 때까지

―「뿌리로부터」 전문

일상에서 시인이 만나는 사람들은 가족과 평범한 이웃들이다. 부추와 같은 푸성귀를 키워 자식 공부시키고 뒷바라지하며 살아온 노모, 근대영화 세트장 같은 방앗간에서

고춧가루, 들깨, 참깨를 빻는 베트남에서 시집 온 안주인과 웃음소리를 내며 뛰어노는 사남매와 그 맑은 소요 가운데서 "젖은 날개를 말리고 있"(「가을 우화」)는 옆집 안노인이다. 객지에 나가 제각각 살다가 고향에 모인 초등학교 동창들이 밥상에 마주하고, 하루 노동을 마치고 날이 저물면 수레를 밀고 가는 사람, "대문 하나로 사람을 끌어당기는 집"에 "빗장을 열고 사는 사람"(「깊은 마음」)이 있다. "할 수 있을 거야, 하면 되지, 몸에 좋은 말들을 골라 우리 동네 모퉁이에 인생 2막의 무대를 연"(「라라미용실」) 여자는 손님들의 마음과 불안을 다정히 쓰다듬어주고 슬픔과 투정을 쓸어 모아 저녁놀로 물들이는 마음의 수리공이다.

시인은 뿌리로부터 시작하여 자연과 인간의 관계, 그리고 삶의 순환과 자연의 다양성을 보여준다. 구석, 골목, '하마실'의 작은 집처럼 '뿌리'는 온기와 눈빛과 마음을 나누는 '신민'들이 거처하는 장소이다. 땅속은 눈이 닿지 않는 은신처이며, 대추나무 밑동 아래에서는 과거와 현재가 어우러지며 네 발자국이 남아 있다. 나무와 사자, 식물과 동물 등의 다양한 형태로 변화하는 이야기는 삶의 다양성과 유연성을 보여준다. "이념은 맹독이 아니라/다양성의 규칙"은 서로 다른 생명체들이 공존하며 조화를 이루는 자연의 원리를 강조한 것이다. "바람 부는 날에는 광장으로" 가야 하는 이유는 삶의 다양성을 인정하고 받아들이며, 각자의 존재를 인정하고 존중해야 하기 때문이다. 시인은 "네가 두 손 들 때까지/제 발로 밥그릇 걷어찰 때까지" 희망과 자유를 위해 삶은 끊임없이 변화해야 함을 역설한다. '~로부터' 촉발되는 인식은 '~에까지' 이르겠다는 행위[함]를 지향한다는 점에서 본질적으로 그 안에 '생성'의 힘을 담고 있다.

    나무가 잎을 떨군다
    다시 피어나기 위해 제 몸을 비우는 건
    소멸이 아니다

    그러므로 낙엽은 구석으로 모여든다
    잘 말라 아궁이 불땀을 살리거나
    제대로 썩어 거름이 되기도 할 것들
    서로 기대어 점차 차가워지는 계절을 예비한다

    중심에 우뚝 서 있거나 목청이 큰 이보다
    어느 곳이든 고요히 머물러 미래를 타전하는 이에게
    눈길이 오래 머무는 것은
    나도 태생이 구석이라는 거다

옥상 시멘트 틈에서 핀 민들레꽃 한 송이가

절망어린 소년을 돌려 세우듯이

누군가의 발걸음 소리에 밝아지는 좁은 골목이 있듯이

엄마 몸에서 잉태된 씨앗

우리는 한 줄기 생명줄에 매달려

뼈를 굳히고 뜨거운 심장을 키워온

구석의 신민이었다

주눅 들지 말자

맨몸으로 애처로운 나무여

우리여

— 「구석으로부터」 전문

  시집의 표제작인 「구석으로부터」는 자연의 변화와 연결된 우리의 삶을 담고 있다. 시인은 구석에서 이뤄지는 자연의 현상을 통해 구석에서 삶을 기다리는 우리 자신의 모습을 비유한다. 나무가 잎을 떨구는 풍경은 자연의 변화와 새로움을 상징하는데, 잎이 떨어지는 것은 단순히 소멸이 아니라 새로운 시작을 위해 거치는 과정이다. 곧 나무가 잎을 떨어뜨리고 제 몸을 비우는 것은 죽음이 아니라 다시 피어나기 위한 준비를 하는 것으로, 소멸이 아닌 새로운 시작을 의미한다. 나뭇잎이 땅에 떨어지고 마른 잎이 구석으로 모이는 과정은 자연적인 변화와 함께 이뤄지는 일이다. 이런 과정은 삶의 변화와 성장을 예고하며, 우리도 자연의 흐름에 따라 변화하고 성장한다는 이치를 돌아보게 한다.

누군가의 발걸음 소리에 밝아지는 좁은 골목은 어둠에서 빛을 찾는 과정을 상징한다. 시인은 "민들레꽃이 절망 어린 소년을 돌려세우듯이", 작은 것들이 큰 힘이 될 수 있음을 보여준다. 엄마 몸에서 잉태된 씨앗으로 우리는 구석의 신민이었다는 은유는 우리 모두가 삶의 시작부터 소중하고 의미 있는 존재임을 환기한다. 어려운 시련을 겪을 때에도 우리는 애처로운 나무처럼 "주눅 들지 말자"라고 요청한다. 그래서 몸과 마음이 아파 아득하고 서러운 날들에도 "무너진 봄을 뚫고/매년 잊지 않고 찾아와 피어나는 연두"(「연두」)는 눈물겹고 눈부시다. 열여섯에 떠나 오십 넘어 돌아온 고향에서 시인도 이러한 회복의 과정을 통해 더는 아프지 않다. 자애를 품은 회인에서 "다시 조금씩 살아나고 있다."(「회인懷仁」)

5. 생성을 이루는 다정한 언어

나의 기도가 저 높은

지붕 위나 담장에 올려져

고요히 피어오를 줄 알았더니

산사 뒤란 샘가에서

물받이로 쓰이고 있네

세상에나, 조랑조랑

맑은 물소리에 씻기며

계곡으로 마을로 낮게

낮게 흘러가고 있네

― 「기와불사」 전문

「기와불사」는 기도가 높은 곳을 향하고 있지만 실제로는 다른 곳에서 쓰이고 있다는 것을 묘사하고 있다. 기도는 일종의 소망이자 희망으로써 높은 곳을 향하게 되지만, 현실은 그것이 예상했던 대로 이루어지지 않는 경우가 많다. 시인은 자신의 기도가 높은 지붕이나 담장에 올라가지 않고, 오히려 산사 뒤의 샘가에서 물받이로 사용되고 있다는 것을 깨닫는다. 물받이에서 받은 물은 맑고 투명하며, 계곡을 통해 낮게 흘러가는데, 이는 기대와 현실 간의 불일

치를 다루면서도 흐르는 과정에서 씻겨져서 새로운 길을 열어줄 수 있다는 희망을 담고 있다.

오래 머무르는 눈길로 기도한다는 것은 다행하게도 "참을 수 있는 존재가 된다는 것"(「당신과 나」)이다.

   이맘때였잖아
   꼼짝없이 누워 눈물만 줄줄 흘릴 때
   꽃내 품고 온 네가 연신 내 몸을 주물렀지

   올해도 성내 천변 꽃들은 환장하게 피었더라
   꽃이 꽃을 부르며 헤실헤실
   그해 봄처럼

   겨울 한기 건넜으니 저렇게 환하잖아
   잊고 지내다가도 이맘때면
   통증이 깨어나는 나처럼 말야

   무슨 말이든 해봐
   허기질 때 꺼내먹는 곶감 같은 친구야
   정기검진 마치고 내려오는데 긴장이 풀렸나
   자꾸 졸음이 쏟아지네

살아있는 지금처럼 확실한 게 있을까

그렇게 발칙한 봄날이 또 올까

이맘때면 꼭 다정한 수다가 필요해

　　　　－「봄날 오후 그녀에게 전화가 왔다」 전문

　성내 천변에 꽃이 만발하는 봄이 오면 그녀는 친구에게 전화를 건다. 겨울의 추운 날씨를 견뎌내고 봄을 맞이하게 되면서, 그녀는 그리운 마음으로 친구의 지난 방문을 떠올리는 것이다. 그녀는 심한 병을 앓고 있는 중에 꽃내 품고 온 친구가 말없이 자신의 몸을 주물러주던 그때를 떠올리며 자신을 위로하고 지지해준 것에 큰 위안이 되었음을 느낀다. 과거의 상처를 꽃들이 간직하고 있었던 것처럼 그녀는 병원에 다녀올 때마다 혹은 봄날이 오면 친구에게 전화해 그날을 떠올리곤 한다. 긴장이 풀리면서 오는 졸음은 친구와 나눈 대화가 안정감을 주기 때문이다. 그녀는 현재의 순간을 확실히 느끼며 봄날이 다시 찾아올 때면 다정한 대화가 필요하다고 말한다.

　수다는 대개 부정적인 느낌을 갖는 단어 중에 하나로 여겨지곤 하지만 삭막하고 외롭고 단절된 채 살아가는 사람들에게 '수다(말)'는 얼마나 소중한가. 더구나 '쓸데'가 있어야 인정받는 자격과 실용의 요구 아래서 수다는 비경제적 대상일 것이다. 그럴수록, 그래서, 수다는 역설적으로 더욱 쓸모가 있는 것이리라. 수다는 서로를 허여하는 관계를 전제하며 너와 내가 우리로 연결되어 있다는 신호이다. "다정한 수다"에서 전해지는 위로와 평안의 시간, 구석으로부터의 울림은 너와 나, 우리의 가슴으로 흘러들어 사랑의 노래가 되고 있다.

   이 둥근 말을 이 다정한 말을 왜 누르고 살아야 하지? 말 없이도 알아듣고 말없어도 통하면 얼마나 좋아 모르겠는 걸 도통 모르겠는 걸 어떡하냔 말이지 쑥스럽다거나 헤퍼 보인다는 것도 다 꼰대들의 철벽이지 사랑해사랑해사랑해, 호접란에 물 줄 때마다 속삭였더니 윤기가 도는 이파리 좀 봐 피어나는 꽃잎을 봐 그냥 미소가 번지잖아 웃음이 툭툭 터지잖아 온몸에 향기가 돌잖아 사랑해, 말하는 순간 아무것도 아닌 말이 아무것이 되어 마술을 부리지 역병의 그늘도 환해지는 이 말랑말랑한 말을 이 뜨거운 말을 왜 아끼고 살지? 우연히도 인간이라 불리며 이곳에 있는 너는, 나는

—「사랑해」전문

어떤 하나의 사건이 몸과 마음을 관통할 때가 있다. 시집 속 '역병'으로 지칭된 코로나바이러스는 거대한 해일이 바다를 뒤엎듯 그동안 살아온 일상의 감각을 송두리째 흔들었다. 전복된 균형과 안정을 되찾기 위한 몸부림과 회복의 여정에서 시인은 무엇을 보고 느꼈을까. 함순례 시인은 인간이 인간다울 수 있는 것들을 떠올린다. 구석, 그늘, 뿌리, 모퉁이에 거주하는 존재들, '둥근 말', '다정한 말', '말랑말랑한 말', '뜨거운 말' 그리고 '사랑'이다. "사랑해"라는 말은 매우 특별하고 감정적인 의미를 담고 있는데도, 왜 그 말을 주저하고 아끼는지, 이 말을 왜 말하기 어려운지, 왜 누르고 살아야 하는지 시인은 묻고 탐구한다. "사랑해"라는 말 안에는 쑥스러움과 부끄러움이 있다. 다소 진부하고 평범한 것으로 여겨지기도 한다. 그럼에도 사랑하는 이에게 이 말을 전하면 마치 마법을 부리는 듯한 기분이 든다. 시인은 사랑하는 이의 미소와 행복한 모습을 떠올리면서 "사랑해"라는 말이 얼마나 아름다운 것인지를 들려준다. 다정한 말을 통해 서로의 마음이 전달될 때, 그 속에는 특별한 힘이 있음을 깨닫게 된다. 시인은 "역병의 그늘도 환해지는 이 말랑말랑한 말을 이 뜨거운 말"이 왜 소중한지를 되돌아보며, 그것이 우리의 존재 의미와 인간적 가치를 담고 있음을 전해준다.

시집 『구석으로부터』는 말이 이뤄내고 있는 인간 존재와 삶의 풍경을 담고 있다. 어떤 순간을 함께한다는 것은 나와 타자의 삶이 서로 연결되어 있음을 의미한다. 함순례 시인은 자신의 이름대로 살고자 구석으로부터 퍼져나오는 울림과 공명의 현장을 들여다본다. "진분홍 꽃물처럼 물드는"(「수레를 밀고 가는 사람」) 숨결로 "구석의 신민"들을 불러내고, 낮고 아린 언어와 따스한 목소리로 아프고 상처 난 존재들 속으로 향해 간다. 그 목소리는 신열을 앓듯 깊게 침잠하기도 하고 맑고 따스한 허밍으로 스며든다. 시집 『구석으로부터』는 불러도 대답 없는 이름들을 기억하고, 잊혀진 이름들이 외롭지 않도록 애도의 마음과 다정한 말들로 보듬는다. 이로써 우리의 봄은 온기를 들이는 그립고 환한 생성의 시간이 된다.

애 지 시 선

- 020 아배 생각 · 안상학 시집
- 021 검은 꽃밭 · 윤은경 시집
- 022 숲에 들다 · 박두규 시집
- 023 물가죽 북 · 문신 시집
- 024 마늘 촛불 · 복효근 시집
- 025 어처구니 사랑 · 조동례 시집
- 026 소주 한 잔 · 차승호 시집
- 027 기찬 날 · 표성배 시집
- 028 물집 · 정군칠 시집
- 029 간절한 문장 · 서영식 시집
- 030 고장 난 아침 · 박남희 시집
- 031 하루만 더 · 고종식 시집
- 032 몸꽃 · 이종암 시집
- 033 허공에 지은 집 · 권정우 시집
- 034 수작 · 김나영 시집
- 035 나는 열 개의 눈동자를 가졌다 · 손병걸 시집
- 036 별을 의심하다 · 오인태 시집
- 037 생강 발가락 · 권덕하 시집
- 038 피의 고현학 · 이민호 시집
- 039 사람의 무늬 · 박일만 시집
- 040 기울어짐에 대하여 · 문숙 시집
- 041 노끈 · 이성목 시집
- 042 지독한 초록 · 권자미 시집
- 043 비데의 꿈은 분수다 · 정덕재 시집
- 044 글러브 중독자 · 마경덕 시집
- 045 허공의 깊이 · 한양명 시집
- 046 둥근 진동 · 조성국 시집
- 047 푸른 징조 · 김길녀 시집
- 048 지는 싸움 · 박일환 시집
- 049 아무나 회사원, 그밖에 여러분 · 유현아 시집
- 050 바닷가 부족들 · 김민수 시집
- 051 곡두 · 박승자 시집
- 052 나선형의 저녁 · 정용화 시집
- 053 보이저 씨 · 김현욱 시집
- 054 비탈 · 이경호 시집
- 055 하모니카 부는 오빠 · 문정 시집
- 056 우는 화살 · 고영서 시집
- 057 검은 옥수수밭의 동화 · 송유미 시집
- 058 매운방 · 신준수 시집
- 059 승부사 · 박순호 시집
- 060 동그라미, 기어이 동그랗다 · 이민숙 시집
- 061 아버지의 미술 · 이권 시집
- 062 이름의 풍장 · 김윤환 시집
- 063 국수 삶는 저녁 · 박시우 시집
- 064 미스김 라일락 · 나혜경 시집
- 065 멍게 먹는 법 · 이동순 시집
- 066 우는 시간 · 피재현 시집
- 067 증정식당 · 김명기 시집
- 068 달동네 아코디언 · 이명우 시집
- 069 자작나무 숲에 눈이 내린다 · 변경섭 시집